Vampeerz, My Peer Vampires.

VON AKILI

Vol. 2

INHALT

Also.

Dann erklär mir das bitte mal.
Ich hab jetzt auch 'ne Un form.
Nein, nicht das.

Ähm …

Schön, dich kennenzulernen!
Sag mal, woher bist du?
Was war das für eine Begrüßung?
Das war megasüß!
Du siehst Frau Asakiri gar nicht ähnlich.
Whoa.

Du hast wirklich große Eckzähne, oder, Aria?
Fast wie bei einem...
...
Jupp, ich bin ein Vampir!
...

どっ
BWAH
アハハハハハ
AHAHAHAHAHAHA
So ein süßer Vampir! ♡

#6 Kiss

„Er drückt sich derb aus.“
„Deswegen mag ich ihn nicht.“
Also gut.
LIGHTHO
ENGLISH COURSE 2
NEW LIGHT

Aria, zur Feier deines Schulwechsels...
Übersetzt du die Sätze bitte ins Englische?
He...
Steh bitte auf.
Okay.

He uses rumbumptious words.
Hm, rum... Wie schreibt man das?
R-u-m-b...
Steht nicht im Wörterbuch.
Oh, echt nicht?

KRATZ
KRATZ
Das Wort haben wir früher oft benutzt.
Im Lehrbuch wird der Satz mit „rough“ übersetzt.
…
Und der zweite?
Rumbumptious: Haughty manly slang word from 19th century (Victorian era).
LIGHTHOUSE
ENGLISH COURSE 2
NEW LIGHTHOUSE 2 ENGLISH COU

I f**kin' hate him.
ざわっ
RAUN
Das F-Wort lässt du bitte sein.

Date Sendai Oshu
Apropos Date Masamune…

Aria, weißt du es?
Nein, Sir!
FWPP
スッ
Ich hab nicht die leiseste Ahnung!
Oh, gute Antwort.

Komm schon. Ozaken hatte dort auch sein erstes Solokonzert.
?
Dort war auch das Neujahrscamp der protestierenden Zeitarbeiter.
Äh, noch nie gehört.

Im Hibiya-Park!
Klingelt's?
Ah! Der Ort mit dem Blumenfestival!

Was für ein Festival?
Da war ganz schön was los...
...
Blumenfestival, Hibiya-Park
8. April 1919

1 Englisch
2 Sozialkunde
3 Naturwissenschaften
4 Japanisch
5 Gesundheitspflege
6 Mathe
Daraus macht sich doch niemand was, oder?
Na ja, sie werden dich kaum für einen echten Vampir halten, aber trotzdem.
Nenn mich nicht so!
Du hast dich doch selbst so genannt!
Nur, weil es verständlicher ist.
Hey, Aria! Wir machen heute ein Experiment in Naturwissenschaften.
Komm doch in unsere Gruppe! Ichika ist auch bei uns!
Klar. Danke!
Wir sind zusammen.
Ja.

Wie schön! ♡

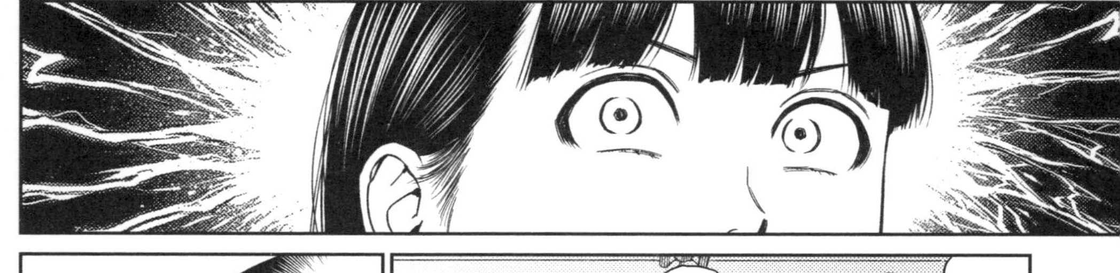

H... Hab ich mir das eingebil-det?
...
Oder war da gerade ein Herzchen?
Hm.

Nüchtern betrachtet...
... verhält sich Aria nicht mehr so, als wolle sie umgebracht werden.
Eigentlich ist ihr doch alles zu lästig, aber nun ist sie extra bei mir eingezogen...
... und geht sogar auf meine Schule.
Könnte es sein, dass sie ihre Meinung geändert hat?!
Nein, daran besteht eigentlich gar kein Zweifel mehr!

Und außerdem...
Wenn ich mir das Herzchen nicht eingebildet habe...
POCH
POCH
... könnte es sein...
... dass sie meine Gefühle erreicht haben...
Li...

...iiiiiiiiiebe! Ich will sie so gern fragen!
Aber nicht hier in der Schule!
Uuugh...
Wann hört das endlich auf?!
Alles okay?
AgNO3

Ah!
PAZAMM

Herrje, da haben wir den Salat.
Du bist so ein Schussel, Maho!
Au weia.
Tut mir leiiid!
Und du sei ruhig, Kotone!
PSCHHH
Aua!
Sei vorsichtig!
Halb so wild.
Du solltest aufs Kranken-zimmer!
Doch nicht wegen so was.
Das ist ein Befehl!
Na gut.
Kranken-zimmer...
Frisches Blut...

Herr Lehrer! Ich begleite sie!
Warum?
Das schafft sie wohl allein.
Ja.
SSSP
...
KLANK
Herr Lehrer.
Ichika und ich bringen sie aufs Kranken-zimmer.

Hm?
Bwah?
Maho, stopp!
Hä?
Bleib da stehen.
Oh, alle auf einmal?

In welcher Welt verbringt die Schulkrankenschwester bitte ihren Vormittag damit, Schnaps zu saufen?

I... In dieser Welt?

Ach?!

Und warum bist du oben ohne?

Tut mir leid! Dieser Job ist einfach so klasse, dass ich mich mit Alkohol beruhigen muss!

Mir war so heiß! ♥

Den Flachmann konfisziere ich.

Neeein!

WATSCH

Bwu!

WOCK

Gh!

Und du willst erwachsen sein?

Du hast dich ja geschickt hier eingeschlichen, Sakuya.

Ei... Eingeschlichen? Frechheit! Ich bin durchaus qualifiziert!

Sozusagen.

Glaub ich kaum.
Es ist leider wahr.
Sie ist...
... als Ärztin zugelassen.
Hahaha!
Ich bin klug!
Du bist die absolut dümmste Gans auf diesem Planeten!
Und deine Brüste sind meilenweit voneinander entfernt.
Brauchen Vampi... Äh, braucht man als Lil denn einen Arzt?
Ist mir peinlich...
Auch wir können krank werden und uns verletzen, wie normale Menschen.
Mit öffentlichen Einrichtungen wäre das zu kompliziert, also haben wir unser eigenes Gesundheitssystem.
Wirklich?

Ja, und sie ist der Vorstand des Systems.

Die Personifizierung von Lust und Dummheit zugleich.

Deswegen habe ich mich an Aria geheftet.

Aber...

Was ist dann mit Aria?

Was macht ihr hier drin?
Jetzt hat mein Finger eh aufgehört, zu bluten.
Sorry dafür.
Hm?

Könnten Sie die Wunde desin-fizieren und mir ein Pflas...
Ugh!
Sie stinken nach Alkohol!
Mal sehen.
Obwohl es so scheint...
FWPP

... wird es ja wohl kaum jemanden geben, der im Krankenzimmer Alkohol konsumiert, richtig?
Ah!

Jawohl.
Ihre Augen drehen sich.

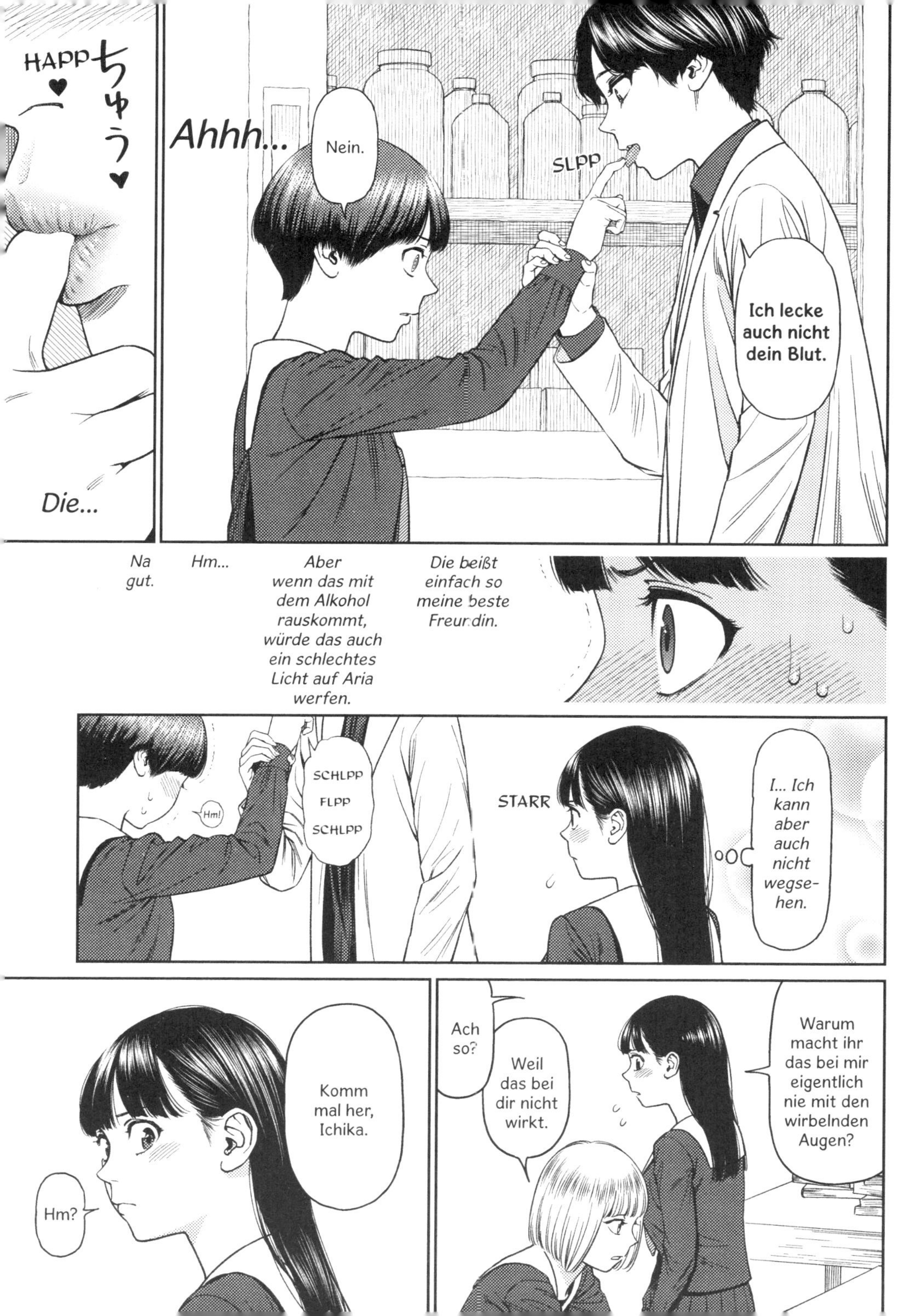

Ich lecke auch nicht dein Blut.

SLPP

Nein.

Ahhh...

HAPP ちゅう♥

Die...

Die beißt einfach so meine beste Freundin.

Aber wenn das mit dem Alkohol rauskommt, würde das auch ein schlechtes Licht auf Aria werfen.

Hm...

Na gut.

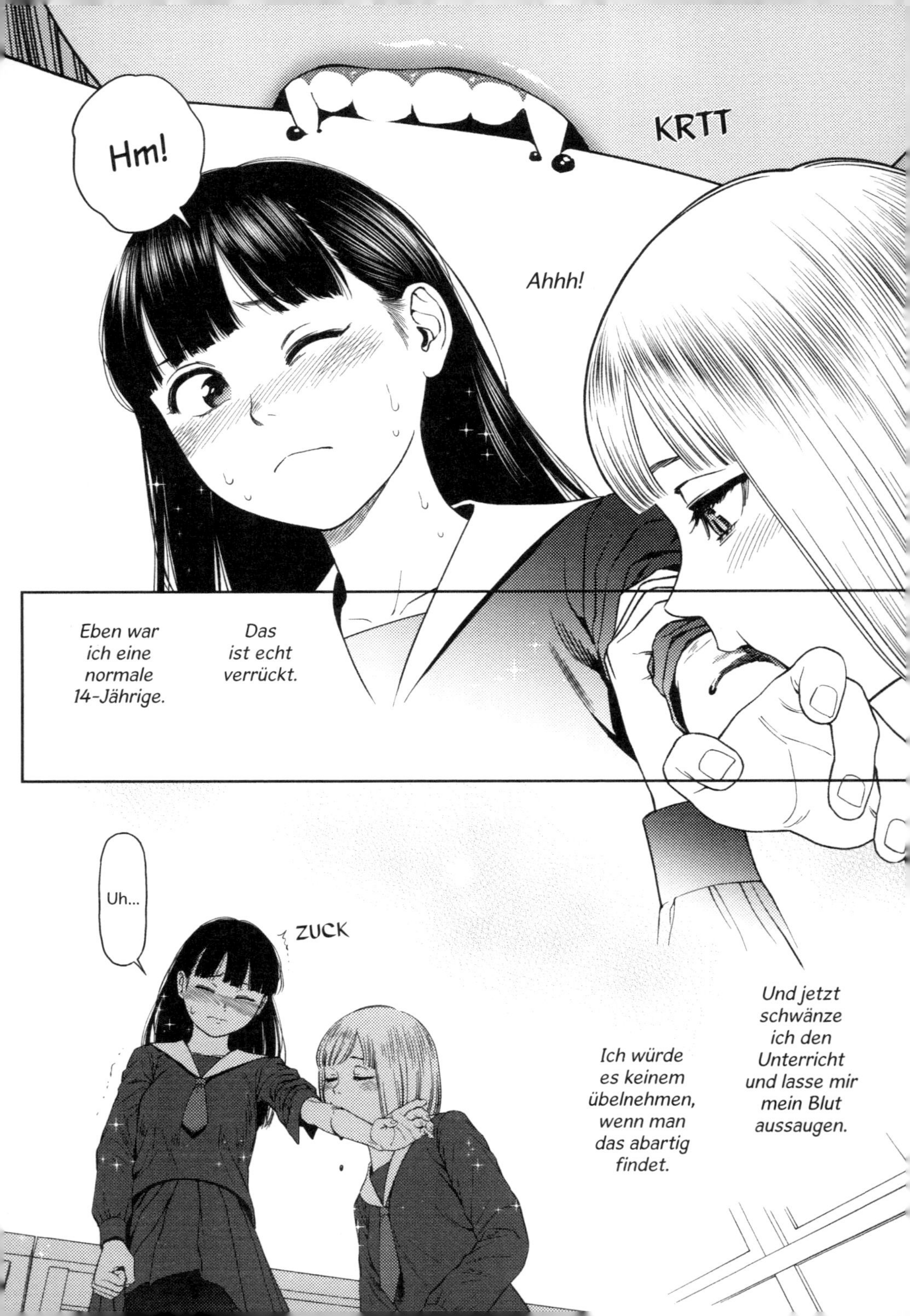
KRTT
Hm!
Ahhh!
Das ist echt verrückt.
Eben war ich eine normale 14-Jährige.
Und jetzt schwänze ich den Unterricht und lasse mir mein Blut aussaugen.
Ich würde es keinem übelnehmen, wenn man das abartig findet.
ZUCK
Uh...

Ich glaube allerdings, dass die meisten hierfür Verständnis aufbringen würden.

Blut zu geben ist schon etwas Tolles.

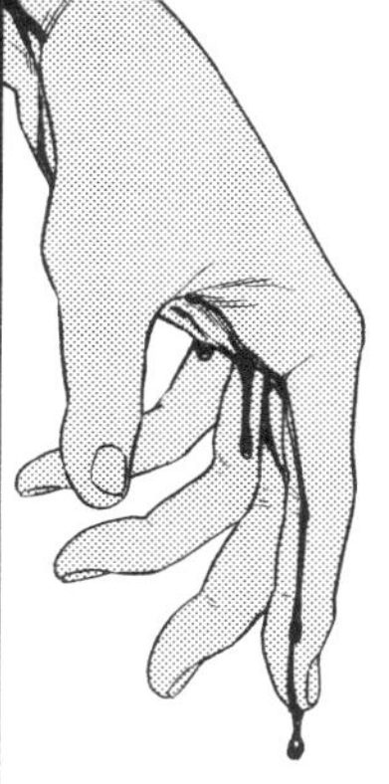

Man kann mit seinem eigenen Leben Teil einer anderen Person werden, die man liebt.

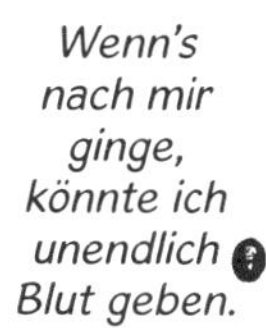

Wenn's nach mir ginge, könnte ich unendlich Blut geben.

Doch diese Liebe ist nicht ohne Gefahren.

Je mehr ich von mir hergebe...

... desto mehr kommt mein eigener Durst durch.

Ich möchte ihr Blut, ihr kostbarstes Gut.

DRPP

Mhh.

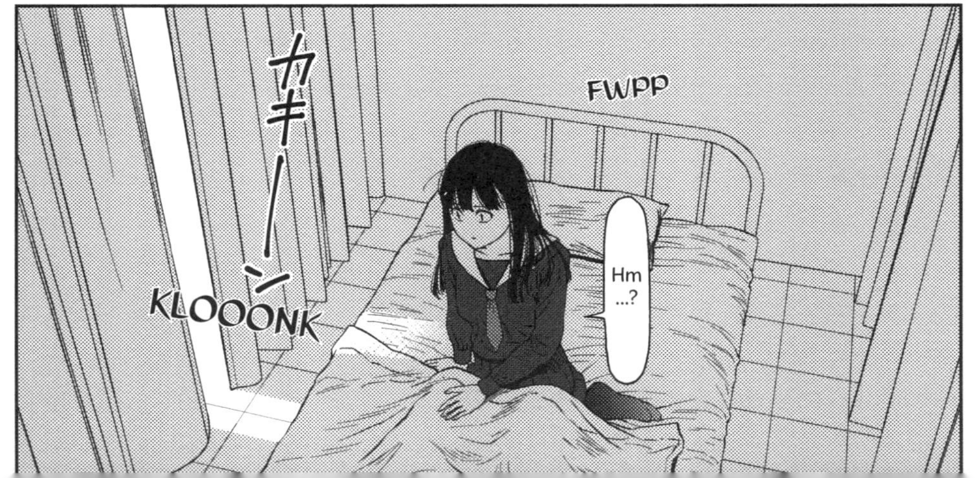
FWPP
カキーン
KLOOONK
Hm ...?

SSSHH

Du hast geschlafen wie ein Stein.

Ist es schon Nachmittag?!

Du hast ein bisschen zu viel Blut gegeben.

Das passiert häufig. Mach dir keine Sorgen.

Wo ist Aria?

Sie sieht sich die verschiedenen AGs an.

...

RRRT

Sag mal, Sakuya...

Du willst doch auch nicht, dass Aria stirbt, oder?
Natürlich nicht.
Ich werde Aria nicht töten.
Okay?
Dafür hätte ich eine Bitte an dich.
Ja... Schieß los.
Die kann ja ganz schön gruselig sein...
Sag mir nur eins.
Ich habe mich in sie verliebt.
Glaubst du, ich hätte eine Chance?
...
Ganz schön direkt.

In all der Zeit, in der ich Aria gedient habe…

… hab ich sie noch nie so glücklich gesehen. So viel kann ich dir sagen.

Aria war der absolute Hammer!
Äh, du hast einen Homerun nach dem anderen geschlagen!
Ach, so einen Ball trifft doch jedes Kind!
...

Ja, ja. Schon gut.
HA HA HA
Sie ist ein Ass!

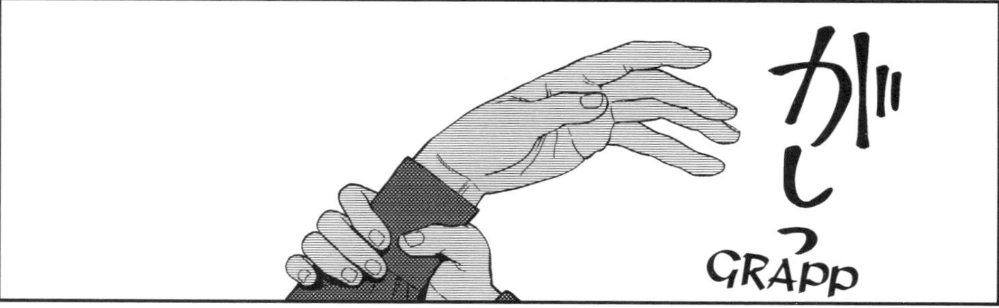
がしっ
GRAPP

Komm mit!
Was?

Äh.

Hm...
HAUSWIRTSCHAFTSRAUM
Wa...
Was denn?

Hey...
Puh.
Ichika?

Ich will jetzt auch etwas Kostbares von dir, in Ordnung?
Was?
Wo wir schon dabei sind, verrate ich dir noch ein Geheimnis.

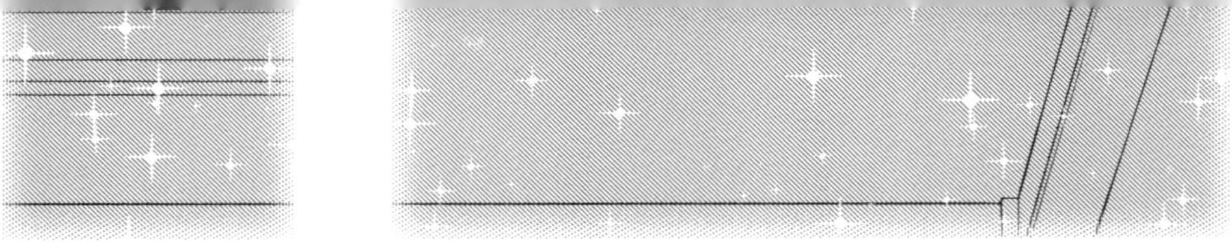

Ich sag
dir ihren
Schwachpunkt.

KLOONK
WAAAH
Au...
...
Ganz schön scharf.

Du...
Was machst du...?

VAMPEERZ

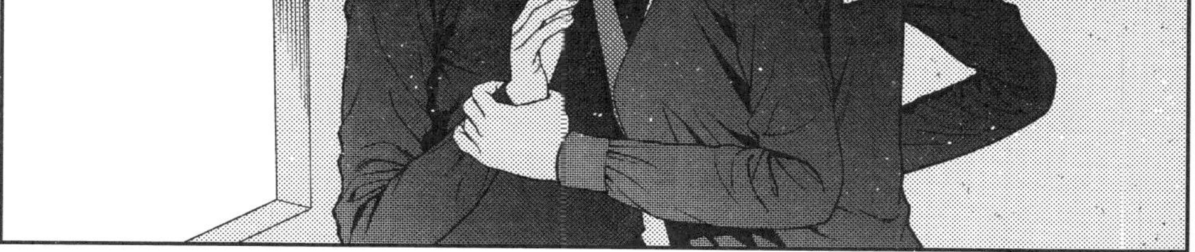

Blut

1) In den Blutadern eines Lebewesens zirkulierende Flüssigkeit. (blutrot), (Blut fließt aus der Wunde)
2) Blutsverwandtschaft, Blutlinie, Abstammung. (blutsverwandt sein), (Blut ist dicker als Wasser)
3) Temperament oder Gefühle einer Person. (heißblütig), (kaltblütig)

Leben

1) Die Lebenskraft eines Lebewesens. Das Lebendigsein, Existieren

Daijisen, 2. Auflage*

*Eins der größten japanischen Wörterbücher

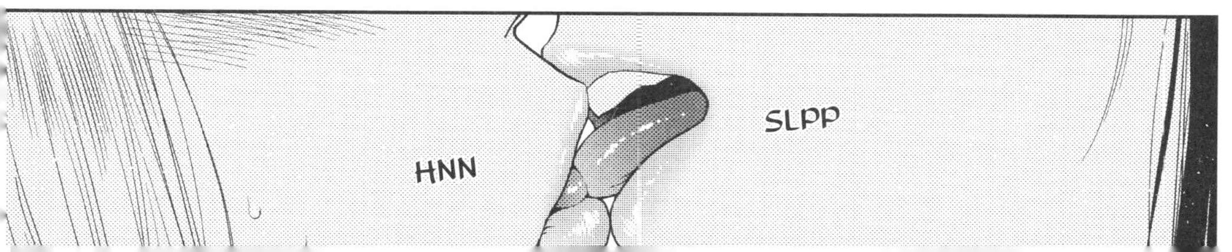

Das gerade …
Hm?
!
Ahaha…

Das Buch des Levitikus, Kapitel 17.11:
„Die Lebenskraft des Fleisches sitzt nämlich im Blut.“

#7 Ascetic

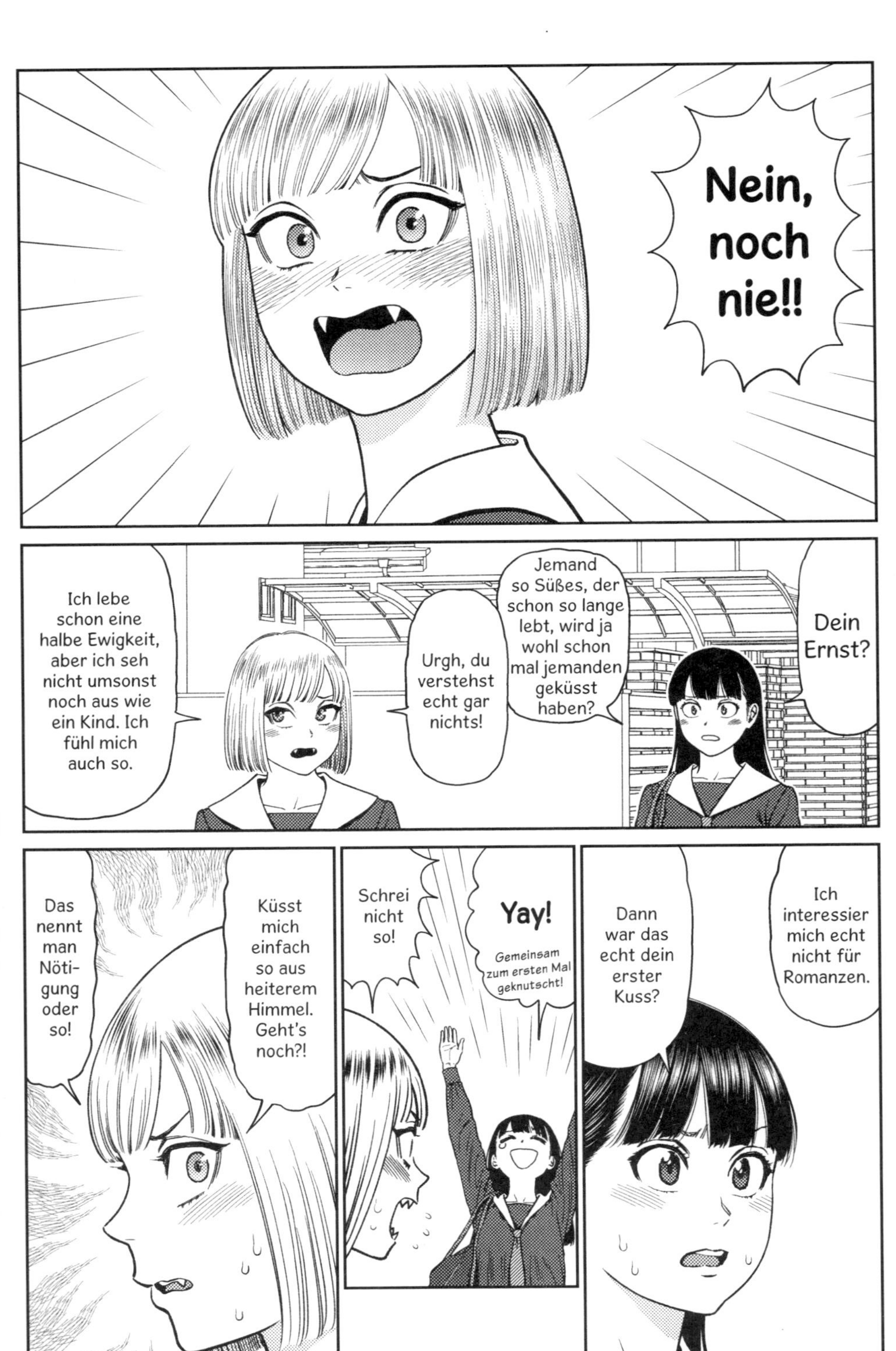

Nein, noch nie!!
Dein Ernst?
Jemand so Süßes, der schon so lange lebt, wird ja wohl schon mal jemanden geküsst haben?
Urgh, du verstehst echt gar nichts!
Ich lebe schon eine halbe Ewigkeit, aber ich seh nicht umsonst noch aus wie ein Kind. Ich fühl mich auch so.
Ich interessier mich echt nicht für Romanzen.
Dann war das echt dein erster Kuss?
Yay!
Gemeinsam zum ersten Mal geknutscht!
Schrei nicht so!
Küsst mich einfach so aus heiterem Himmel. Geht's noch?!
Das nennt man Nöti-gung oder so!

Ach, aber aus heiterem Himmel mein Blut saugen ist okay, ja?
Gh!

Ich weiß was! Wie wär's hiermit?
Du kannst gerne jederzeit mein Blut saugen.
Aber dafür musst du jedes Mal auch etwas für mich tun.

Zum Beispiel?
Äh, mich küssen und so.
...
Shit!
Ah!
SWUSCH

Ist die schnell.
HUUUP

Sakuya.
Und, wie lief's?
Mit ihrem Schwachpunkt?

Perfekt!
ぐっ
FLPP

ZUTRITT VERBOTEN

Danke für's Essen.
Also, Sie trinken ja ganz schön was weg.
Sie aber auch! ♡
Hier, ich schenke Ihnen nach!
Oh, danke schön.

Oh, Manjus von Shishiya!
Ah, die darfst du nicht essen, Ichika!
Die sind als Opfergabe für deine Großmutter.
SHISHIYA
Okaaay.

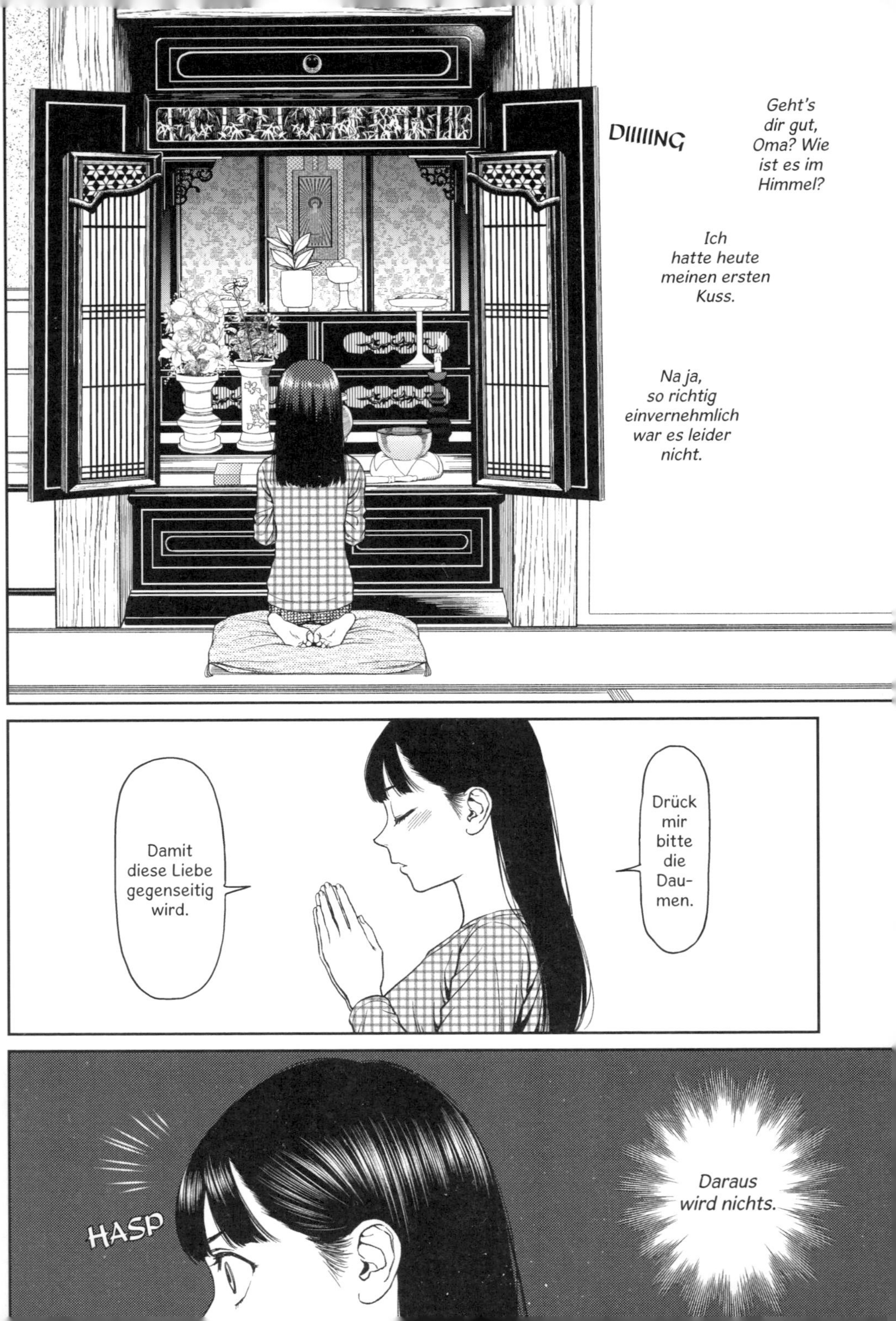

DIIIIING

Geht's dir gut, Oma? Wie ist es im Himmel?

Ich hatte heute meinen ersten Kuss.

Na ja, so richtig einvernehmlich war es leider nicht.

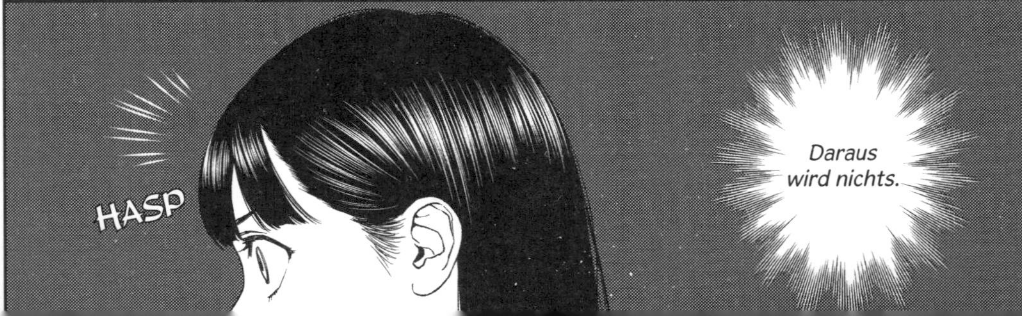

...
Wer ...?
Ich bin's, deine Oma.
Du klingst nicht wie sie.
Ha... Hab mich erkältet.
...
Warum wird daraus nichts?
Weil sie schon eine Ewigkeit hinter sich hat, im Gegensatz zu dir.
Gib auf und töte sie einfach.
Von außen und innen ist sie noch immer ein Kind.
Aber sie hat noch gar keine Erfahrungen in der Liebe gesammelt.
Ist das nicht, als wären wir gleich alt?
D... Das mag sein, ja. Aber...
Außerdem, Oma...

Bei unserem zweiten Kuss...
... hat sie ein bisschen mitgemacht.
SLPP
Ich bin mir sicher, es ist nicht unmöglich!
...
...
Oma...?
Hallo?

Bäääm!
Ich war das!
Weiß ich doch!
Ich hasse alles, was zu viel Arbeit macht!
Ich bin nur hierhergekommen, weil ich sterben will!
Ist mir egal!
GRAH
Ich liebe dich!
Ich hab mich in dich verliebt, Aria!
Kh...

KISS
ZUCK
Hm!

...
Du hast es schon wieder getan...
Hah!

War das letzte Mal.
FWPP
Hä?
Das war jetzt Nummer drei.
So oft hast du auch mein Blut geleckt.
Äh...
Sag mal, Aria...

Hasst du mich eigentlich?
Nein...
Tu ich nicht.
Ich versteh einfach nur nichts...
... von so was...
...
Sorry.
Aber wenn du mein Blut saugst, tu ich's wieder.
Ich hab Gefallen am Küssen gefunden.
KNUTSCH
Also hör mal...
Wollen wir zusammen baden?
Auf keinen Fall!
Pft!
...

Ich verzichte ab heute auf Blut!

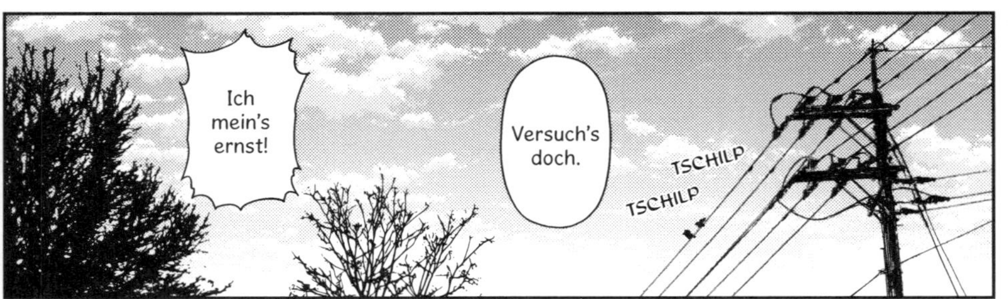

Ist schon ein bisschen schade.

Hasst sie Küssen so sehr?

Ich fand das Gefühl eigentlich gar nicht so verkehrt.

Warum stehst du nur rum?

Nur so.

STRAAAHL

Beeil dich.

FEIX

Hm?

Tsk!

Warum machen wir's nicht bei Ichika zu Hause?
Die hat viel Platz daheim.
Und Aria wohnt auch bei ihr.
...
Ja.

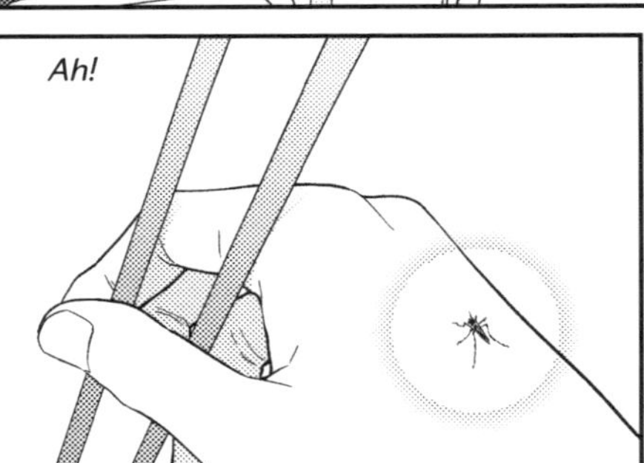
Ah!

Eine Mücke?
Hehe, na dann...

Geht das in Ordnung, Ichika?
Äh, was?

Hör doch mal zu!
Arias Willkom-mens-party!
Hat sich dein Hirn auch entwickelt, oder nur deine Brüste?!
Das war fies...
Wo bist du eigentlich mit deinen Gedan-ken?

Ach Menno!
I... Ist was?
ZUCK

Wie das juckt! Mich hat was gestochen!
Kannst du mal nachsehen?
Wo...

SCHLUCK

Da... ist kein Mückenstich.
Weil ich nicht gestochen wurde.

TATATAPP

Oh Mann!

AHA HA HA

Macht das vielleicht Spaß! ♡

Ichika hat etwas für sich entdeckt.

Hah!

Hah!

Keine Kraft mehr...

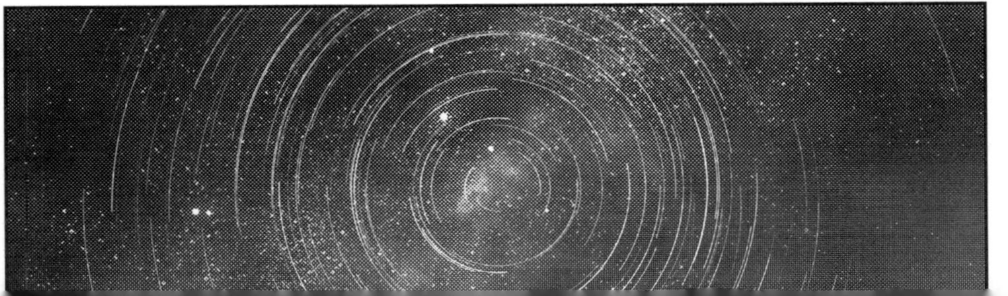

Morgen...
Oha, schlecht geschlafen?
Dann iss bitte ordentlich Frühstück, ja?
Okay.
Tag zwei.
Hab sie in der Schule beobachtet.
Ergebnis: soweit keinerlei Regung.
Sie ist zäher als vermutet.
Davon abgesehen...

Auch wenn sie total erledigt ist, sieht sie noch immer bildhübsch aus.
Hh!
Hh!
Ahhh!
Bin ich voll!
Ein wenig tut sie mir aber schon leid.
Alles okay?
Warum gibst du nicht auf und trinkst wieder Blut?
...
Ich geh ins Bad.
KLANK

Wie lang will sie das noch durchziehen?

Nicht mehr lange, glaub mir.

Was passiert denn, wenn ein Lil kein Blut trinkt?

Das wird schmerzhaft.

Man wird immer ausgemergelter, stirbt aber trotzdem nicht.

BLPP BLPP

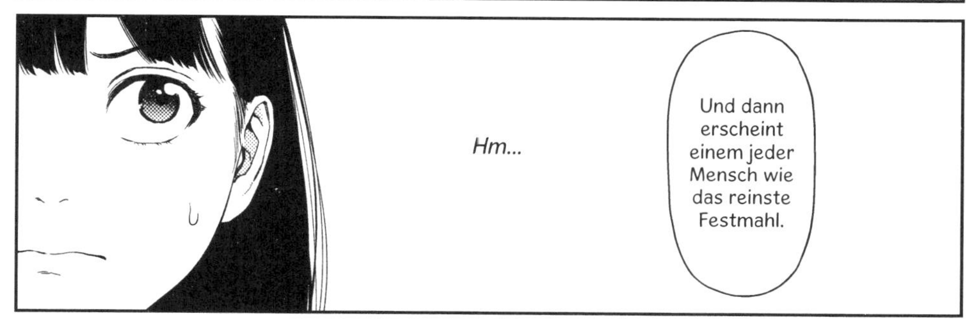

Du warst ja ewig da drin.

…

Und dass du jemand anderen überfällst, will ich erst recht nicht.

Ah…

Aria!

Das ist meine Schuld... Nur meinetwegen...

TRIEF

TRIEF

Hm...

FSCHHH
BLUPP
Urgh!
Soll sie doch sehen, wie sie ohne Blut zurechtkommt!
...
...
Moment mal.
Das könnte auch eine Chance für mich sein...

Oh, wo ist der Blondschopf?
Ist sie krank?

Ihre Lieblingssüßigkeit?
Sie liebt Karamellpudding.

Wie würde sie wohl reagieren, wenn ich mich in einem Moment der Schwäche mütterlich um sie kümmere?

Nanu?

Nicht da?

Mauuu!

Tpp
Tpp
Tpp
Waaarte doch!
Mauuu!

D…D… Du… hast mich betrogen!

Wessen Blut hast du getrunken?

Du kannst ja ulkig gucken.

FETAL BOVINE SERUM
500ml
CATALOG S10250
LOT G26070
VOLUME 500 ml
EXP Jul.2032
STORAGE -10°C to -20°C
OMEGA BIOLOGICS

Was ist das?

Fetales Kälberse-rum.

Kam endlich an.

Schmeckt aber scheuß-lich.

Das trinke ich jetzt anstelle von...

... Menschenblut.

GRINS

Wow, ist das Karamellpudding?

ガクッ

FWOMM

Nur zu. Ist für dich.

VAMPEERZ

BADOMM
BADOMM
Dann hast du das Kälberserum bestellt, Sakuya?
BRCK
Und ich dachte, dass du auf meiner Seite stehst.
Das tue ich.
Aber ihrem Befehl muss ich gehorchen.
Verräterin!
Jetzt übertreibst du aber.
GLUCK

Blööörkh!

PFWAH

...

#8 Friends

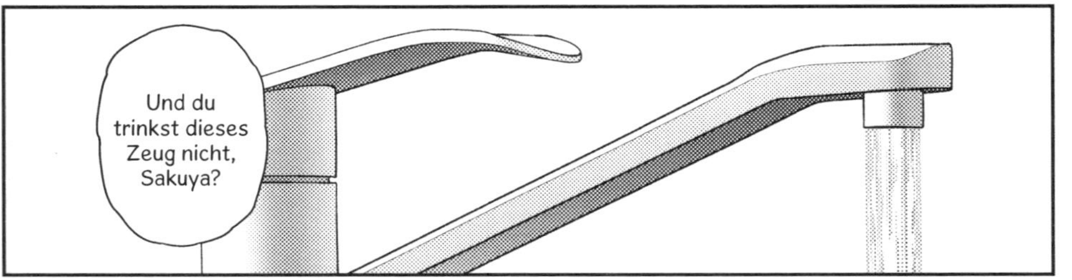

Nein, ist mir viel zu widerlich.
Nichts geht über frisches Blut.
Schmeckt das denn?
Aber ja!
Am vorzüglichsten schmeckt das Blut von Jungfrauen.
Aber da kommt man kaum dran, weil es total lästig ist, Jungfrauen rumzukriegen.
チラ
LINS
Hör mal, Ichika.
Lässt du mich mal ein bisschen von deinem kosten? Ich sag auch Aria nichts.

Hey!
Ich kann euch hören!

Haha, war nur Spaß!
Hmpf!
...

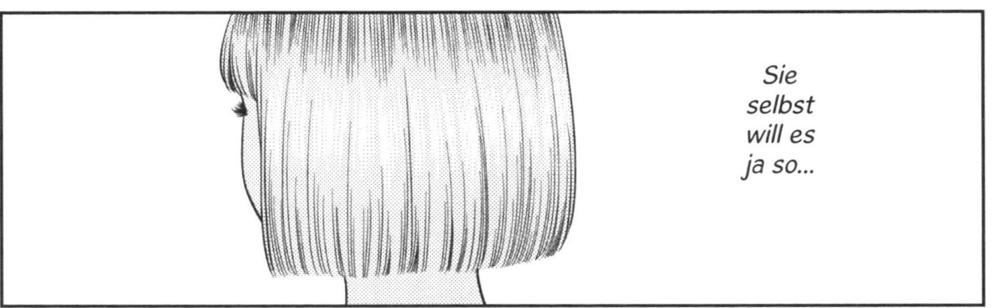
Sie selbst will es ja so...

Ob sie wirklich nie mehr Blut trinken wird?
Ich würde ihr jederzeit etwas geben.
FWPP
FWPP

Wobei...
Vielleicht war ich ja doch ein bisschen zu forsch...
FSCHHH
Ich hab sie ja schon dreimal geküsst.

Aaach!
PLATSCH
PLATSCH

Aria!
ZUCK
Du solltest die angebrochenen Flaschen schon austrinken.
Die waren nicht billig weißt du.
Ha... Hast ja recht.
Blöörkh!

Sakuya! Maho ist gleich da!

Ja, ist gut!

HFFF

Aria!

Uuund?
Total...

はっ
FWUSCH
Huoh!
ちゅ
HMMM
ううう
ぷは
BWAH

Ich liebe dich! ♡
Ich dich auch! ♡
Total süß!!
Danke!
SWIRL
DING DONG

Sakuya, beeil dich!
Hi.
Hey.
Lass deine Sachen hier.
Mach ich.

Die Willkom-mensparty ist ja für Aria.

Lassen wir sie die Sachen aussuchen.
Ja, klingt gut.

Wo gibt's Grillkoh-le?
Äh.

Am anderen Ende.
Echt?
SALE

Sorry Leute, wir besorgen erst mal die Kohle.
FWUPP

Nanu?
Hm?

Ich bitte um Aufmerksamkeit für eine kurze Durchsage.
Frau Sakuya Asakiri und Aria Asakiri...
Ihre Begleitung wartet auf Sie.
Kommen Sie bitte zum Informationsschalter im Erdgeschoss.
UMKLEIDE
KASSE

INFORMATION
Oha, tut mir echt leid!
Menno! Wo wart ihr denn?
feta
SALE
SALE

FUNKEL
FUNKEL
Na ja, nur mal eben...
Wisch es ab!
Da waren so viele schöne Klamotten in den Läden!
Hilf mir tragen, Sakuya!
Okaaay!
Pleïades
Sonst habt ihr keine Sorgen, oder?

Dann noch Filet, Rücken und Lende.

Okaaay!

Ist das nicht viel zu viel?

FWPP

Schon gut.

Sakuya!

Das bezahlst du selbst!

Oh, verboten?

¥

CASHIER

Das macht dann 22.362* Yen.

*Ca. 180 €

Das Geld für den Schnaps, Sakuya!
...
Mist, das weißt du noch?

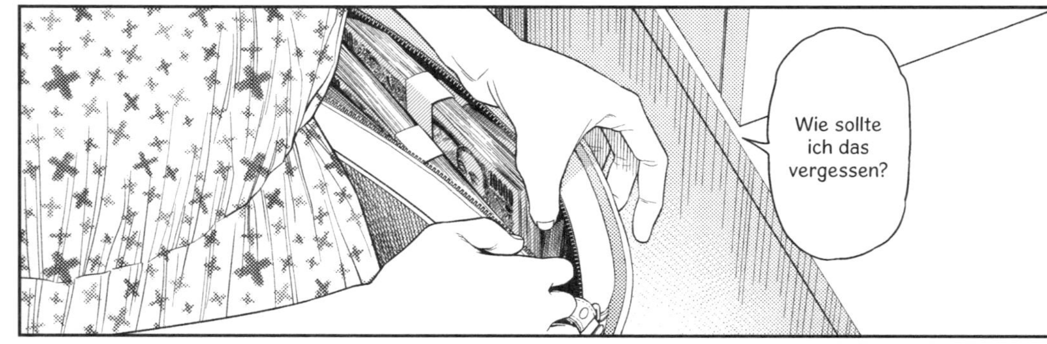
Wie sollte ich das vergessen?

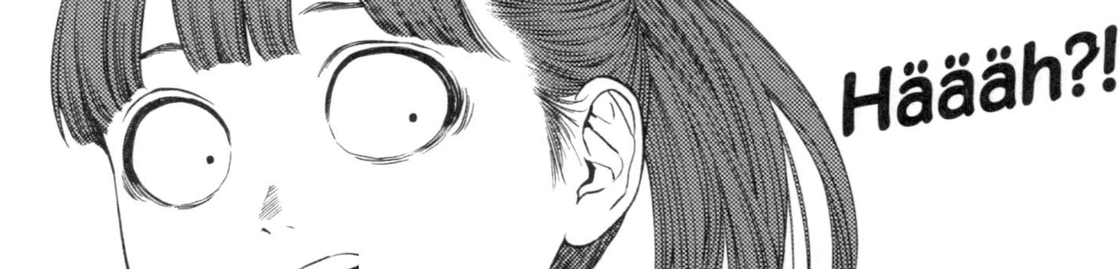
Häääh?!

Wah?!

Z Z Z...

Aria, wir sind gleich so weit!

Was zur Hölle...

... war das?!

FPP

FPP

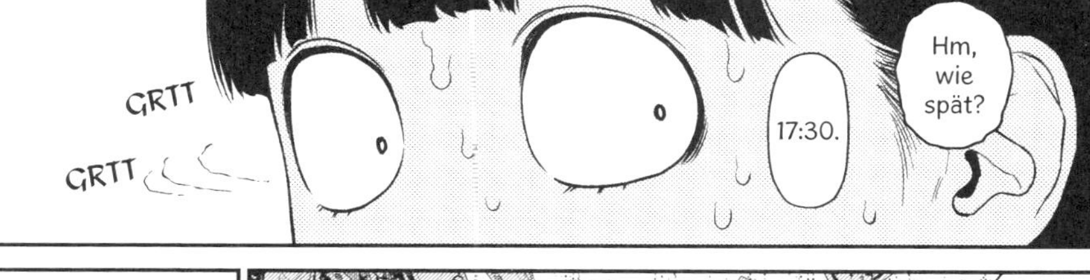

Ichika, das hat mir meine Mutter mitgegeben.
Oh, sag ihr meinen lieben Dank!
Hast du die Soße besorgt?
Ja, weil ihr das Wichtigste überhaupt vergessen hättet.
Mmmh.

Okay, dann lasst uns an-fangen!
Das Wort gehört dir, Ichika!
Alle außer Aria aufstellen!
Die schon wieder...

Maho wohnt in der Nachbarschaft, wir kennen uns schon aus dem Sandkasten.
Wir wissen alles übereinander.
Sie ist auch im Klub der Klublosen.
Bin aber im Schwimmteam.
Freut mich!
Sie schwimmt sogar im Präfekturteam. Krass, oder?
Hehe, schon.
Das ist Satsuki, wir nennen sie Sacchan.
Sie ist ein hübsches Mädchen, aber auch ein leiser Bücherwurm.
Schön, dich kennenzulernen.
Sie weiß viel über alte Dinge.
Das ist Kotonecchi.
Sie redet oft vulgär daher, ist aber sehr schlau und bei Prüfungen echt Gold wert.
Den ersten Teil hättest du dir auch klemmen können, blöde Kuh!
Angenehm!
Schnauze!
In Mathe ist sie besonders gut.
Schüchternes Ding.
Kotonecchi und Sacchan sind in der Blaskapelle und hatten heute einen Auftritt.
Verstehe.
Wir waren auch auf der gleichen Grundschule.
Lasst uns einfach essen!
Äh, okay.

Und dann gibt's da noch miiich! Sakuya, die eine Vorliebe für süße Mädels hat! ♡

Wa... Was ist denn passiert, Frau Asakiri?!
Oh mein Gott!

Alles bestens!
GRKH
Ha Ha Ha
Oh, stimmt. Alles gut.
Nichts passiert.

Ach, da fällt mir ein...

Wenn da jemand wäre, würdest du es mir ja sagen, stimmt's?
J... Ja.
Na klaro!
Du machst Witze, oder?
Bitte nicht!
Da ist was faul!
„Na klaro" würdest du niemals sagen!
Nein, nein! Wirklich, echt!
Da ist niemand!
Oder sollte ich das Maho vielleicht sagen? Aber... es geht ja um ein Mädchen...
Dachte ich miiir!
STAAAAAAARR
Die durchbohrt mich!
Ich hab Fleisch-Nachschub besorgen lassen.
Hast du immer noch Hunger?
Ungeheuerlich.
Ich glaube, es ist langsam dunkel genug.
Stimmt. Fangen wir an.

So machte sich der Mann also auf zum Gipfel des Berges, um dem Greis, der dort lebte, getrockneten Fisch zu bringen.

Um ihn herum herrschte bereits schwarze Nacht.
Da er den Pfad schon viele Male gegangen war, fürchtete er sich nicht.
Doch dann, auf halbem Weg...

... hörte er hinter sich ein Knirschen.
Ihm war, als näherte sich ihm irgendetwas.

Aber da war nichts, egal in welche Richtung er blickte.
Als er weiterging, hörte er das Geräusch erneut.
Er leuchtet mit seiner Taschenlampe in die Richtung, aus der das Knirschen kam. Es war noch immer nichts zu sehen, doch das Geräusch von Schritten kam näher.

Als er das Licht der Behausung erblickte, war ihm das Geräusch unmittelbar auf den Fersen.
Da rannte der Mann ohne nachzudenken den Pfad bergauf, und mit ihm wurden auch die unsichtbaren Schritte immer schneller.

Um Haaresbreite schaffte er es zur Hütte des alten Mannes, und plötzlich war außer den Grillen nichts mehr zu hören.
Sichtlich beruhigt händigte er dem Greis den Trockenfisch aus. Da sagte dieser:

Wer war denn die Frau hinter ihnen?

Oh, das war ja klar.

Sie hat die Ruhe weg.

Sollen wir unser nächstes Vorhaben einfach auslassen?

Ja, aber...

Was? Du wolltest das doch unbedingt!

Wir ziehen das durch!

Hah! Hah!

Stein, Schere, Papier!

Tschüss! Lebt wohl!
Komm endlich, du Schisser!

Maho hat sich so auf die Mutprobe gefreut.
Sie dachte, es wäre lustig, sich zu gruseln.
Ach so.
Aber du fürchtest dich natürlich nicht, oder?
Wenn da was auftaucht, rettest du mich bitte?

Ju...pp...
Überlass
das...
einfach
mir...

BIBBER

BIBBER

Hm?

#9 Courage

Hat
Aria...

... etwa
Angst?

DING
Sie sind da.
Gut!
Dann mal los!
KRSCH

Weißt du, hier in den Bergen soll es spuken.

Hmm…

PLOPP
Kyah!

Hn...
Haha, ein Käfer!
Nur'n Käääfer!
FLUPP
Ja, hehe.
WOING
ぴょん

Huuaaaaah !!
ZUCK

Ich
hab keine
Angst vor
so was!

…

DRÜCK
Gut.

I…I… Ichika!
Meine Hände sind eklig, oder? Sorry!
Nein…

I… Ich hab ganz feuchte Hände.
Ist das peinlich…

BADOMM
BADOMM

DORT. . .
PRR
PRR

Das war vorhin noch nicht da.
Dieses glatte Gesicht ...
Das ist nur 'ne Maske, die irgendjemand hier vergessen hat. Gehen wir weiter!

Ah.
Hm?

BWAAAAAH!!
HIIIIIIIEK!!

Ha!
Ichika, nimm bloß nicht „Papier", hörst du!
Wieso nicht?
Tu's einfach nicht!
Das waren die Mädels.
Nicht, die ist bestimmt verflucht!
Das waren doch garantiert Maho und die anderen.
M... Meinst du echt?
Sollen wir's ihnen heim-zahlen?
KRSCH
KRSCH
D... Das auch?
...

ばっ
HASP

Fiep!
Fiep!
Fiep

Wow!

Sind die süüüß! ♡

Warte, Ichika!

Hm?

KRSCH

KRSCH

KRTT

KRTT

KRTT

KRTT

KRTT

PAMM
Ich mach das!

WACK!!!
Hä?
BOIIING
Ariaaaaa!!

だ
Mp
WO
ん
Ugah!
Kwiii!
Äh, das Kälberserum reicht wohl doch nicht.
D... Du blutest ja!
Nur ein Kratzer.
A... Aber...
DO DO DO DOMM
Ah!
Tsk!

...
Aaah!
Das klingt nach ihnen.
Haha.

Ah!

Ah.

KRT

KRT

Hmm...

BEB

BEB

BEB

Pfwah.

Jetzt geht's mir besser.

War ja auch ein Notfall.

Einen Kuss gibt's nicht dafür.

Hah!

Hah!

...

Bleib du hier. Ich kläre das mit dem Racker!

Hah!

Hah!

Aber das ist gefährlich!

Das mach ich mit links.

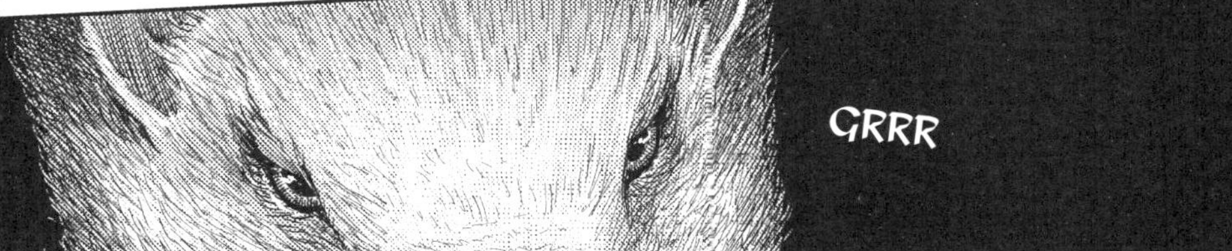

Ach, stimmt. Ihr Trick mit den Wirbel-augen...

FWUSCH
しゅたっ

Hä?

Komm schon, Wildsau!

PÄMM

Whoa!
Was für ein Schlag!
...
KRSCH
Hm?!

Springst du?
Nein.
Zu gefährlich. Ich kletter runter.
Was ist?
Ach, nur meine Einbildung.

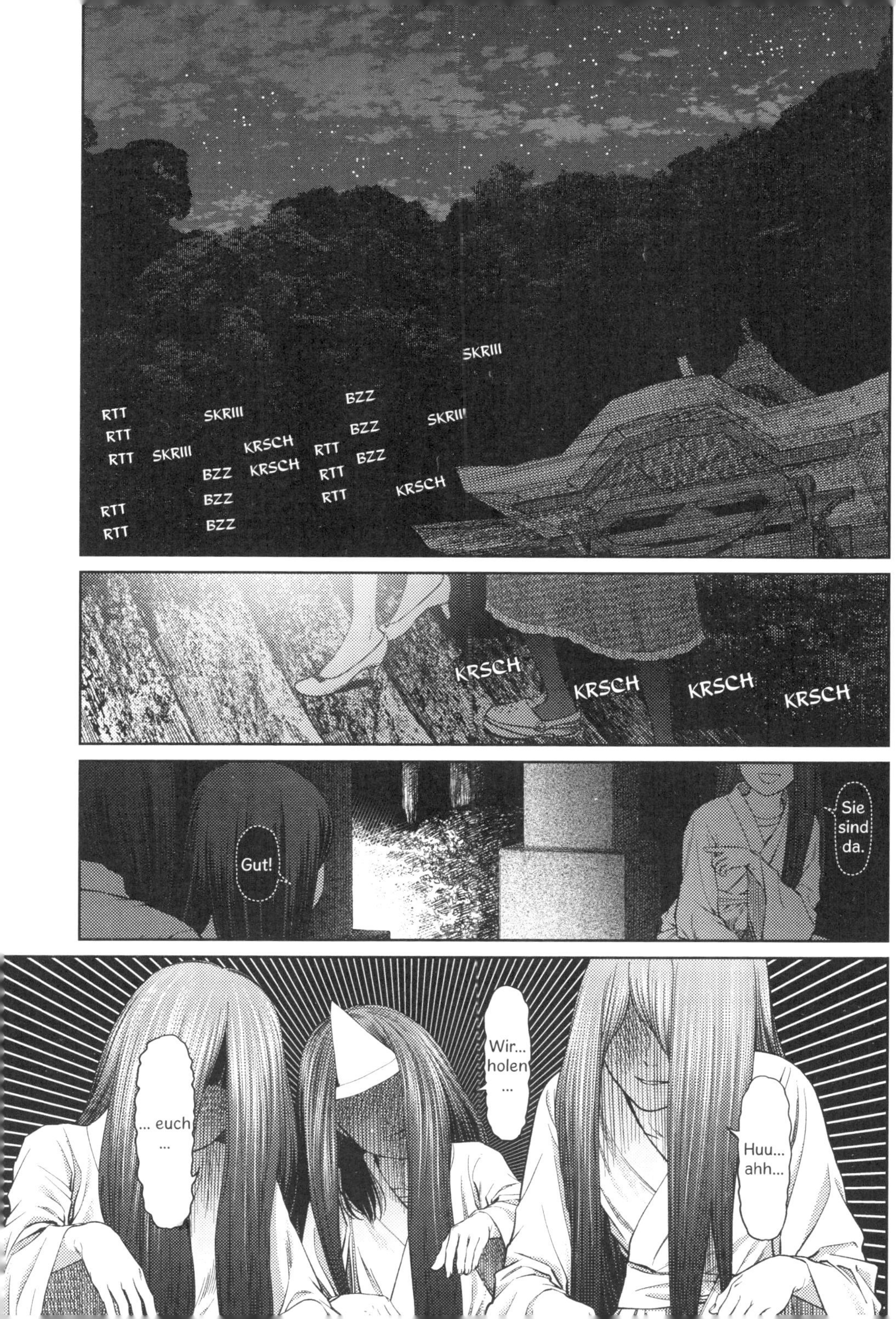

SKRIII
SKRIII
BZZ
BZZ
BZZ
KRSCH
RTT
RTT
RTT
KRSCH
KRSCH
SKRIII
BZZ
BZZ
BZZ
RTT
RTT
RTT
SKRIII
RTT
RTT

KRSCH
KRSCH
KRSCH
KRSCH

Sie sind da.
Gut!

Huu... ahh...
Wir... holen ...
... euch ...

Waaaaaaaaahh!

Ahahahaha!
Oh mein Gott!
Habt ihr uns vielleicht er-schreckt!
Ihr uns aber auch!

Uah!

Waaas?

Komm zu uns, Aria!

KRAM KRAM

Der Abend ist noch lang!
Der Spaß geht erst los!
POTATO
AVOCADO OIL
SEA SALT

Whoa, spielen wir Poker?
Oder Blackjack?
Oder Arschloch?

Wir spielen natürlich auch um irgendwas, oder?
FWOPP
Äh, also das...
Du zockst gerne, was?
Ich mach euch fertig!
Du weckst noch die Nach-barn!

Wäh! Da ist was Schleimiges!
Maria
REBECCA
45
PAMM PAMM
ZUCK
Tsk!
Komme schon!

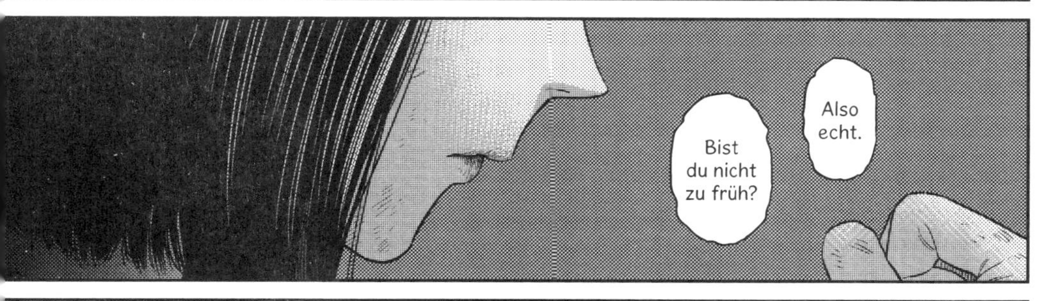
Also echt.
Bist du nicht zu früh?

KLACK
Schicht-wechsel ist erst um...

Ich brauch Geld für ein Taxi!
Hä?

VAMPEERZ

#10 Khara

2:08

Am Containerhafen kam es zu einem ungewöhnlichen Zwischenfall.

Ichika, gehen wir einkaufen?

Was?

Bis 15 Uhr ist das eingelegte Gemüse runtergesetzt.

Du Sparfuchs.

Sakuya könnte uns mit dem Auto hinfahren.

Ah!

Hm?

Sorry, ich bin schon viel zu spät dran. Hab jetzt ein Date!

Könnt ihr in fünf Sekunden startklar sein?

Äh, das wird nichts. Geh ruhig.

Na ja, zu Fuß ist es auch nur 'ne Viertelstunde.

Gehen wir spazieren!

Sie wird nachlässig.

Alles deutet darauf hin, dass in dem Container jemand gehaust hat. Der Polizei zufolge könnte es sich um illegale Immigration handeln.

FWISCH

Uh!

Was ist denn?

Mich fröstelt es seit gestern ständig.

Hast du dich erkältet?

!

FUOOOH

Hm?!

FUOOOOOH
Ah!
Wa... Was passiert hier?!
Kopf runter!!

KRTT
KRTT
Hf!
Hf!
Hf!
I found you, Aria.
Hf!
Hf!

Wo ist das heilige Schwert?

...
Ei...Ei... Eine Freundin von dir?

Wer bist du noch mal?
Hä?

Wir haben's eilig.
Was willst du?

Wie bereits gesagt... Das heilige Schwert!
GRAH
Rück das Schwert raus!

Welches denn?
Bringt nichts, dich dumm zu stellen!
Ich hab längst herausgefunden, dass es sich in dieser Stadt befindet.
Hmpf!
...
Tu, was ich sage, wenn dir dein Leben lieb ist.
Tsk!
Denn hinter mir habe ich...

FFUFF
FLUFF
Ist die gol-dig! ♡
Miau! ♡
Hört mir zu, verdammt noch mal!
Halt einfach deinen Rand!
Ich geb's dir nicht und basta!
Und jetzt zisch ab!
RMB
RMB
Das ist also deine Antwort, ja?
Und ich dachte, wir könnten das friedlich klären.
RMB
RMB

Hierfür habe ich viel auf mich genommen.
Ich hole mir das Schwert, um jeden Preis.
FPP

SWOOOOOOSCH
Tsk!

ざわっ
HASP
Also, sag mir, wo es ist.
Tust du es nicht, werde ich sie...
Uh!
KRTT

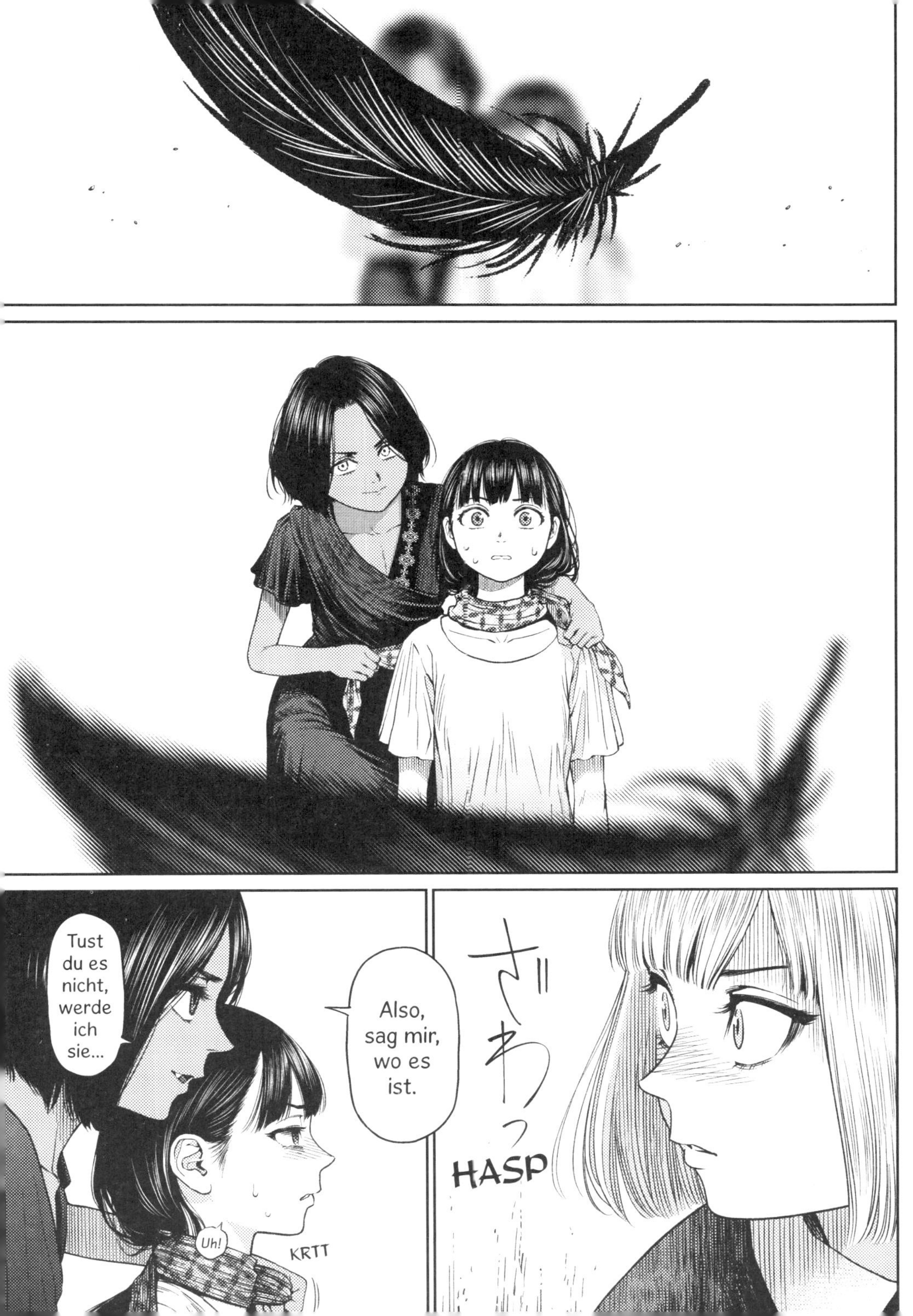

Es ist auf dem Berg dort oben in dem Schrein!
Fwäh?
KRCK
Jayanti!
がしっ
TSCHACK
Hahaha-hahaha!
Ha-ha-ha-ha!
Mist!
Warum hast du es verraten?
Ich wollte dich gerade retten!

Keine Sorge.
Hä?

Nicht dort.
Es ist auf dem anderen Berg.
HFF
Ich hab uns Zeit verschafft.

Nicht übel, Ichika!
Ich war echt nervös!
Hehe! ♡

Dieses Schwert muss ja ziemlich wichtig sein.
Was macht es denn in dieser Stadt?

Äh, also... Ist 'ne lange Geschichte.
Du weichst aus. War ja klar.
Sollen wir zum Schrein?
Nein.
Gehen wir erst mal heim.
Wieso?

FLAPP
FLAPP
FLAPP
Naaa…
…wartet!
Ugh!
Ihr habt mir den falschen Ort genannt!
Wenn du dich so leicht veräppeln lässt!
FLAPP
FLAPP
FLAPP

HEPP
Pah!
Eine Barriere? Logisch.
Woher kommt die?
Wer weiß!

Irgendwas müffelt hier ganz schön faulig, oder?
Ja...
Gh!

Sch... Sch... Schnauze!
Ich hatte nun mal kein Ticket.
Ich musste mehrere Tage in einem Container ausharren.
Du warst das also!

Könntest du bitte ein Stück zurücktreten?

Ich bring dich um!

FLAPP
FLAPP
Geh zurück, Ichika.
Jo.
Äh...
SAGT EUER LETZTES GEBET!
ゴ
RMB
ゴ
RMB
ゴ
RMB
ゴ
RMB
Jayanti!

WOROMPP

GRAH

FWISCH
Yany-aaaaaan!
*Kosename
Was zum...
SSST

PAMM
ゴッ
Kh!
Hm!
Keh!

Hepp!
Huoh!
WOING
Argh!

WACK

Haha-
ha...
Ganz
toll,
Aria.
Hah!

Was
willst
du?
Kh!

Schau
nach
vorne!
?

Unmöglich...
FSCHHH
Sie... kann es führen?
FEIX

Voll drauf reinge-fallen, dumme Gans!
SKRSCH
Jayanti!

STILLE

Hehehe…

PRR
PRR

Nächstes Mal krieg ich euch dran, nur damit das klar ist!
Hah!
Hah!
Hah!
TATAPP
TAPP
TATAPP

Vergiss nicht, davor zu baden!
Weiß ich selbst!
Das war ihr bewusst?

Puh, bin ich kaputt.
FSCHH
FSCHH

Ist sie deine Feindin?
Puh.
Ja.
Die hatte mehr auf dem Kasten, als ich dachte.

Ich bin so froh, dass dir nichts passiert ist, Ichika.
BADOMM
Das war mir am wich-tigsten.
Will sie damit sagen, sie...
Wie...
BADOMM
... meinst du das?
BADOMM
Ist doch klar...

Wäre ziemlich kacke, wenn ich nicht mehr sterben könnte.

Keine Sorge. Ich werde dich immer beschützen.
Ich kann jederzeit meine Kräfte mobilisieren.
Wenn du mich aber einfach mit dem Teil da tötest, können wir uns das alles sparen.
GRINS
...
Stimmt.
Dann schließ deine Augen.
Wah?
Du wirst es wirklich tun?

KUSS

Hff.

...

Du hast gesagt, du würdest dich zurückhalten.

Ich nehm's zurück.

Hat-schi!
Hah!
Tsch i!
SCHRUBB
SCHRUBB

SUTOPPU!

Koko wa kono manga no owari dayo.
Hantaigawa kara yomihajimete ne!
Dewa omatase shimashita!
Tanoshii hitotoki wo dozo!

Egmont-Manga-Chiimu

STOPP!

Das ist der Schluss des Mangas.
Fangt bitte am anderen Ende an!
Und nun genug der Vorrede,
viel Spaß beim Lesen!

Euer Egmont-Manga-Team

„Vampeerz" von akili
Aus dem Japanischen von Gandalf Bartholomäus
Originaltitel: „Vampeerz, My Peer Vampires "
Originalausgabe: VAMPEERZ Vol.2 by AKILI

Original Japanese edition published by SHOGAKUKAN.
German translation rights arranged with SHOGAKUKAN
through Kashima Agency.
Original Cover Design : SALIDAS

verlegt durch Egmont Verlagsgesellschaften mbH,
Alte Jakobstr. 83, 10179 Berlin
1. Auflage 2021
Verantwortliche Redakteurin: Inga Wurzbach
Koordination: Angelika Schönhuber
Printed in the EU
Gestaltung: Anke Koopmann
ISBN 978-3-7704-2875-5
www.egmont-manga.de